THANATOFOLIUM

Beltion de Braïla

> « Ah ! Passe avec les vents, mélancolique feuille
> Qui donnais ton ombre au jardin !
> Le songe où maintenant mon âme se recueille
> Ouvre les portes au destin. »
>
> Jean Moréas, *Stances*

Ombres et esquisses

Exulte la flamme
Qui crée et défait
Ces ombres
Qui se fripent et me trompent

Mes yeux noyés
Dans les larmes
Acides
D'un hier cauchemardesque

Mes mains rouges
De sang
Sur les oreilles
Pour ne plus entendre
Hurler au dehors
L'effroyable modernité
D'un monde perdu

Monde délétère
Où l'éther n'est plus
Qu'un asile
Déchiré des longs sanglots
Du vent

Saisit de son froid
Mordant
La chair et les feuilles
Au tréfonds de l'obscurité des
cœurs

Grenier grignotant et avide
De souvenirs

Succombent les mots
Et tombe sur l'herbe l'esprit
Comme la mort
Ô fléau

S'évade la vie sans substance
Du cœur mélancolique
Où crèvent ses yeux
D'absence insatiable

Ténèbres de sa peau
Et dans ma bouche les cendres

De son absence

Vouloir voir tout
Alors que je ne suis que moitié

Moitié d'être beaucoup de vide
Dans un gouffre de souffrance
et de perte

S'évader d'un monde rêvé
Et néant au néant retourner

Ombre d'un papillon de nuit
Posé sur mes yeux et ma mémoire

Sinuosité étrange du cœur
Linéaire affaire d'un idéal
À demi trépassé

A-t-il vraiment existé ?

Labyrinthe constricteur
De mes entrailles
À l'idée de ce livre ouvert

Pages de clair-obscur
Laissant sans voix l'interprète
Qui veut l'oublier
Dans un recoin poussiéreux

Sans compter sur le rappel
Hurlant du cœur

Tard le soir
Sur le sentier
Des pas passants

Carreaux gris
De sables et de millénaires
Jetés sous mes chaussures

Au-dehors de mon cœur
Reflets des miroirs
De la cime spirituelle
Noire et orange

Perdu le regard
Au fond de mon cœur
Transpercé le miroir
De l'eau qui s'écoule

Rides et mort sur mes rêves
Reflétant la parfaite
Candeur torturée de la nuit
De pleine lune

Et s'évade du tumulte
Assoupi de l'aurore
Mes quelques songes
À demi endormis

Et s'écoulent comme toujours
Les berges du désespoir

Trompeur dans la torpeur
Ce cœur qui me crie

Et hurlent et me griffent
Toutes ces choses
                    Je voudrais
Qu'elles m'oublient

Œil humide
Et sanglot incolore
Sous le froid douteux
D'une langueur de janvier

Soirée de rien, envie d'absence

Prison de verre et de pierre
Prison de cœur et de chair

Immersion des corps et des regards
Réprimande des fibres et de l'être

Curieux tribunal du Moi
En dehors de quoi plus rien n'existe

Expulser de mon cœur les pulsions premières
Pour satisfaire à l'exécution

Expier les rêves de chairs
Hérissés de plaisir et d'amour

Battre les cent pas du trottoir quotidien
Le long de la chaussée sans retour

Fouler au pied ces désirs inassouvis

Comme des pétales bruns,
morts à la vie

Tribunal juge de mon malheur
Privé de liberté avant ton office

Interdit des visages et des yeux
Où se liraient les satisfactions

D'un homme heureux

    Quand se taisent les aiguilles de l'horloge
    Comme s'égraine le temps
    Tout doucement

    Se tait la silhouette
    Sans voix
    Ni vie
    À l'ombre de ses yeux
    Sans cœur

    Et glisse la main le long de sa chair
    Froidement

    Heurte le vide

    Et s'éteignent les dernières

    Lueurs

Tourments de plafonds qui s'effondrent
   Dans les vaines gesticulations
   Comme de vagues mélodies
   De reproches ordinaires

   Asphyxie des bras qui écrasent
   Les mirages contre le cœur

   Se dérobe alors
   Le poids des jours sous les pieds
   Qui meurtrit
   D'instant en instant
   Un possible inapproprié et obscur

   Douleur d'être
   Désespoir sans devenir

Un sémaphore encroûté
D'éclairs callipyges

Une déesse oubliée
Sur un pas de porte

À jamais perdue
Dans les brouillards véloces

    Rythme étrange que cette mélodie
    Que fait glisser joyeusement l'homme
    Triste sur les contreforts gris

    Douceur éphémère de musique
    Résonnant des immeubles vides
    Étrange et seul autant que le temps

    Passe un sourire

Serpent des pensées
Comme l'onde du fleuve
Parmi les rameaux

Tisse son chemin
Dans la poussée de la pluie
Qui bat
La chair hirsute des songes

Trépassement du réel
Pour ce qui se raconte

Histoires étriquées d'eau serpentine
Font la nuit des temps

    Empreindre de la couleur de ses iris
    La fadeur moite et humide
    Des murs de l'ennui

    Comme un prisonnier du vent et des promesses
    Dans l'attente interminable

Notes d'or qui se posent au creux du cœur
Vibrant bonheur d'un instant
Quand s'emballe l'extase
Des yeux à demi clos
Et l'envolée funambule
De la joie

Effleure un moment les étoiles
En rais-de-coeur de la nuit
Sous les regards larmoyants
De l'astre froid
Qui recueille les soupirs
Dans ce doux nid chaud
Qui transperce les sens

Enivre le sourire
De ces claires mélodies
Comme un rire dans le vide
Si grand de n'être plus rien
Que ce qu'il est

Et s'éteint peu à peu
Dans la vapeur cotonneuse
D'un souvenir irréel
Mais si beau
De l'oubli de tout

Une caresse
Furtive et douce
Qui s'évapore
Dans un soupir de souvenir

Mandorle époumonée de quiétude
Et d'absence
A l'ombre de son siège vide

Un regard d'attente
Au souvenir de l'espoir

Condé-sur-l'Escaut, 14 août 2012

Douceur des joues
Et ardeur
Des palpitations de son cou

À genou contre sa peau
Cantique des cinq sens

Et pour refaire un monde
Modeler de mes lèvres son corps

Et les divins méandres
Des courbures de son dos

Conjuguer le flot des cheveux
Entre mes doigts
À l'infini

Peau contre peau
Dans les instants qui débordent du temps

En récitant chacun de ses doigts
Du bout de mes lèvres
Comme mon rosaire

Une moitié de jour
                    Ainsi s'évade
    Sur les berges d'un temps
révolu

    Résonnent alors les échos
                    Lointains
    Et grelottant du glas familier

    Et les feuilles mortes jonchent
    De leur grâce funèbre
    Les pavés de l'aube solitaire

    Le regard tourné vers l'étoile
nouvelle
    Une main caressant sa lumière

Les feuilles mortes

Lambeaux et fantômes
Dans la brume d'hiver. Peur
Du chemin perdu

Les néons fânés
Et l'obscurité dehors
Sous les regards vides

Chute légère
Comme un artifice dans la nuit
Le mégot s'envole

Miroir ondulé
Comme un écho de souvenir.
Cri de corbeau

Contemplant le marbre aux seins nus
Au loin, cris
Des rameaux qui bourgeonnent

Chair blanche allongée
Un pied levé vers le ciel
Soupirent mes rêves

Souffle dans mon cou
Comme le feu [furieux] d'une forge
Doucement s'apaise

Pris de passion, dévorer
Ses paupières closes
[D'une nuit] d'étoile glacée

Cet arbre est mort
L'ombre que sa silhouette
Dans mes songes décharnée
Attirait à elle
Masque à demi mes souvenirs

Cet arbre est mort
Alors un pudique rameau soulevé
Délivrait à Éros un cosmos de chair
Comme la courbure d'un pied
Tendu de désir

Cet arbre est mort
Mais déjà percent
À travers ses piquants douloureux
Quelques rayons d'aurore
Grelottants dans la nuit

Oubliés les haillons de l'automne
Et les griffes acérées de l'hiver
Qui déchiraient de leur teint olive
L'obscurité des nuages gris

    De leurs
    troncs si
    roides
    Sort une
    danse folle
    Comme un
    tourbillon de
    dureté
    Que nul ne
    vit
    Dans leur
    vie
    tourmentée
    Ballet infini
    et invisible

Et tournent
Et tournent
Ces arbres, ô mirages étranges
Sans jamais se perdre
Prisonniers de l'air, impalpables
De tous

Oubliés les
haillons de
l'automne
Et les
griffes acérées
de l'hiver
Qui
déchiraient de
leur teint olive
L'obscurité
des nuages
gris

© 2017, Beltion De Braïla

Edition : BoD - Books on Demand
12/14 rond-point des Champs Elysées, 75008 Paris
Impression : Books on Demand GmbH, Norderstedt, Allemagne
ISBN : 9782322131143
Dépôt légal : janvier 2017